Jack rêve d'un autre monde

Sommaire

François Marmain

Dédicace :

À celles et ceux qui en permanence :

- Subissent le pouvoir

- Supportent l'insupportable

- Tentent de subsister malgré les inégalités

- Résistent aux préjugés, aux violences intellectuelles et physiques,

Et spéciale pensée à tous les altruistes qui permettent de croire encore en un Homme pourvu d'humanité.

Biographie

François Marmain est né en 1965 à Poitiers. Il commence des études littéraires puis est orienté vers le commercial, plus prometteur de débouchés professionnels. Il travaille comme Auditeur, Formateur et Responsable QSE puis crée et dirige un restaurant avant de partir se ressourcer quelque temps au Sud-Est de l'Inde.

Il écrit des poèmes dès huit ans, des textes et des romans dès dix-sept ans.

Ses **rencontres artistiques** l'amènent à écrire, entre autres, des textes de **chansons** et « **livre de ma vie** »…

François Marmain

Bibliographie

<u>14 romans:</u>

14, Jack 14, crime au Théâtre, Poitiers
13. Jack et les montres molles de Dali-2018
12. Jack, entre les pinces du crabe - 2018
11. Jack, l'incroyable voyage - 2018
10. Une histoire d'AMOUR - 2017
9. Pas seuls sur Terre (envolés aux Bermudes) - 2017
8. Mon père, cet étranger -2016
7. Life is life (avec Richard Revellin) - 2016
6. Un sourire (Et vous, quel serait votre vœu ?) - 2016
5. Maman (2 semaines de bonheur) -2015
4. Les yeux fermés - 2015
3. L'autre moi - 2014
2. Triclones - 2013
1. Même pas en rêve - 2012

<u>5 recueils d'histoires courtes pour enfants-2009:</u>

Tête d'œuf livres 1 à 5

<u>1 Essai socio-politique -2012:</u>

Jack rêve d'un autre Monde

Jack rêve d'un autre monde

<u>3 Recueils de poèmes et textes -2012:</u>

3. Jack en vers et contre ELLE
2. Jack en prose
1.Premiers vers (verres) de Jack

<u>1 recueil de chansons -2014:</u>

Paroles de Jack (paroles liées)

<u>*Un avis, une demande, un livre dédicacé :*</u>

message@amimo.fr
www.amimo.fr

François Marmain

4 rue de la mare-Chevais-
79190 Clussais-la-Pommeraie
09 67 55 62 21 / 06 01 33 72 33

Avant-propos

Lettre ouverte envoyée à M. le président de la république, M. François Hollande.

J'ACCUSE… St Ciers-sur-Gironde, Le 28/06/2013.

Au regard du respect que je dois à l'Homme et à la fonction que vous représentez.

Suite à votre élection, en tant qu'électeur et citoyen français, mais également suivant le devoir que je crois être mien de vous alerter alors que votre charge de travail, comme celle de vos conseilleurs, ne vous permet plus d'avoir une vision générale de la situation de notre pays, je vous fais part, Monsieur le Président de la république française, de ma profonde consternation en regard des différents points développés ci-après.

Quelques 42169 jours après mon illustre prédécesseur, le dénommé Émile Zola, je réemploie, ici à mon tour, sa très célèbre formulation:

J'ACCUSE…

Jack rêve d'un autre monde

1- J'accuse nos dirigeants et l'ensemble des institutions en charge de veiller au respect de nos textes législatifs garants historiques de notre république, de ne pas respecter l'article 1 de la constitution du trois juin mille neuf cent cinquante-huit au regard des règles de laïcité entérinées.

Constats:

a) Pas moins de 6 jours fériés de notre calendrier républicain correspondent à des fêtes religieuses catholiques   ;

b) Combien d'édifices religieux sont construits, réparés ou entretenus avec les deniers publics ?

c) Dans combien d'édifices publics (mairies, écoles, etc.) voit-on se dresser un sapin de Noël durant les fêtes du même nom ?

2- J'accuse nos dirigeants de ne pas respecter à la fois notre constitution et les promesses de notre slogan national, clamé pourtant haut et fort à travers le monde et les époques,
«   …Liberté,   Égalité,   Fraternité…   »   :

Constats:

a) Quelle est cette égalité qui autorise à sous-payer les Femmes et à leur refuser l'accès à certaines professions et responsabilités ?

b) L'égalité devant l'emploi reste également un rêve pieux au regard des millions d'individus voulant travailler mais ne pouvant faire partie de la société qui travaille, victime des multiples exclusions professionnelles et sociales dont sont victimes les demandeurs d'emploi.

c) Que pensent les handicapés de cette Égalité prônée comme cause nationale alors que le peu de textes législatifs votés pour favoriser l'accès à tous partout ne sont au mieux jamais appliqués et pour certains abrogés alors même qu'ils ne sont restés que proposés et jamais observés.

d) Comment parler de fraternité au regard des pauvres, des sans domicile fixe, des sans papier laissés à l'abandon par la bienveillante société des favorisés.

La chose est vraie de même pour les moins vaillants et plus âgés d'entre nous ne pouvant avoir accès aux soins, commerces, institutions publiques.

À ceux qui n'ont pas la garantie de vivre en sécurité à cause de la désertion des campagnes au profit des villes sécurisées aux multiples services et commerces.

Jack rêve d'un autre monde

3- J'accuse le président de la république française de ne pas veiller au respect de la constitution au regard de l'article 5 de cette dernière afin de préserver cette valeur essentielle de laïcité découlant directement de la loi de séparation des églises et de l'état du neuf décembre mille neuf cent cinq.

4- J'accuse les citoyens français qui se reconnaîtront, de porter un préjudice grave à ceux qui décident de quitter leur pays, la France, dans l'ignorance de nos engagements communs à respecter et à défendre la Déclaration universelle des droits de l'Homme signée à l'ONU le dix décembre mille neuf cent quarante-huit, qui précise pourtant par son article 13 que «… Toute personne a le droit de quitter tout pays, y compris le sien, et de revenir dans son pays …».

5- J'accuse nos dirigeants de ne pas respecter l'article 23 de la Déclaration universelle des droits de l'Homme précisant que « …toute personne a droit au travail et à la protection contre le chômage… » en ne mettant pas tout ce qui est possible et imaginable en œuvre pour que chacun puisse avoir un emploi.

Il conviendrait de rassembler toutes les idées et opinions de tous les partis et de faire cause commune face à ce fléau injuste et insupportable.

6- J'accuse l'ensemble de nos décideurs, encore une fois, de ne pas respecter l'article 25 de la Déclaration universelle des droits de l'Homme établissant que « … chacun a droit à un niveau de vie suffisant (à sa santé, à son bien-être et à ceux de sa famille).

Certaines ONG tels « les restos du cœur » ou « le secours populaire » deviendraient alors enfin, et par bonheur, inutiles et caduques.

Il est de la responsabilité et du devoir de nos dirigeants d'assurer à chacun ces minimas vitaux.

Comment oser sans cela prétendre faire partie des pays « les plus riches » et civilisés ?

7- J'accuse nos gouvernements de ne pas respecter l'article 26 de la Déclaration universelle des droits de l'Homme qui impose « …le droit à l'éducation gratuite… » alors que dans les faits, si l'école est gratuite, les familles sont en permanence sollicitées pour l'achat de matériels et fournitures scolaires, quand ce n'est pas les taxer pour de bonnes œuvres ou sorties scolaires.

Ces sollicitations créent déjà à l'école de réelles différences entre les élèves qui comprennent très tôt quel pouvoir détient l'argent dans notre société dite « égalitaire ».

Jack rêve d'un autre monde

N'y aurait-il pas la possibilité d'obtenir un budget supplémentaire pour cela, alors que tant de gaspillage a lieu dans le même temps avec l'argent public ?

8- J'accuse l'Homme de se croire tellement au-dessus des autres espèces animales qu'il se permet de décider de leur avenir (ou de leur extinction) ne mettant en avant pour cela que son seul profit.

Il règne ainsi en vertu de sa prétendue supériorité intellectuelle et utilise les armes qu'il a su créer.

9- J'accuse l'Homme de déposséder la planète de toutes ses richesses et de détruire la faune et la flore pour assurer, non pas sa survie, mais ses plaisirs et besoins toujours plus conséquents, ne parvenant jamais à combler son ego démesuré.

10- Je m'accuse d'accuser mais ne puis me sentir coupable pour cela, protégé par l'article 18 de la Déclaration universelle des droits de l'Homme, établissant que « ... toute personne a droit à la liberté d'opinion et d'expression...»

François MARMAIN

François Marmain

Ch.1 Audit et transition

Avant la réorganisation totale du pays, il conviendra d'observer une période transitoire pouvant durer un ou deux ans en fonction de la charge de travail déterminée par les experts.

La première action sera donc de créer des groupes de travail constitués d'experts, de juristes et de responsables de régions de tous horizons et partis.

L'objectif : revisiter l'ensemble des textes de la législation française, code par code, texte par texte.

Nous avons conservé aujourd'hui encore, des textes du « code Napoléon et beaucoup d'autres totalement inadaptés et inapplicables au 21ème siècle.

Il serait temps que certains d'entre eux tombent en désuétude.

Tel un « mille feuilles », d'autres lois sont venues s 'ajouter à celles existantes.

Durant cette période, les différents ministères auront déjà disparu afin d'élaguer la cime de notre système pyramidale que je qualifierai d'héritage d'une époque révolue où…

Chaque décision avant d'être appliquée est examinée par trop d'intermédiaires n'ayant aucun contact avec la réalité du « terrain » (de la vie des citoyens).

La transmission traditionnelle des ordres du « haut » vers le « bas » ne peut fonctionner que si chacun a participé à la modification des règles.

Sinon le changement paraît inacceptable car la décision a été prise sans concertation, ni contradiction.

Bien entendu, il faudrait pour ce faire modifier considérablement la constitution française.

Premier objectif : redonner la parole, donc du pouvoir, et 'intéresser chaque citoyen à l'organisation et à la législation de son pays.

Ceux qui créent les richesses du pays et font exister la France sont et resteront les ouvriers, employés, agriculteurs, artisans et commerçants qui proposent les biens et services indispensables à la survie de tous.

Il est indécent qu'au 21ème siècle, ce soient les députés européens qui fixent les prix du lait ou du kilogramme de pommes de terre par exemple.

Jack rêve d'un autre monde

En ce printemps de changements il est temps désormais de nous organiser pour que demain ne ressemble plus à hier.

Terminons cette ère transitoire pour nous intéresser réellement à la réorganisation de notre pays. Je vous donne rendez-vous au chapitre deux.

François Marmain

Jack rêve d'un autre monde

Ch.2 Réorganisation

La réorganisation totale de notre pays a trois objectifs principaux :

Le désendettement de la France à moyen terme. Notre pays doit commencer immédiatement à faire des économies en mettant à contribution, en premier lieu, nos dirigeants.

Ce premier objectif sera amplement développé et explicité dans ce chapitre.

Il serait inimaginable de laisser un seul contribuable français s'endetter à ce point, alors pourquoi l'accepter d'un état ???

Réorienter les priorités en fonction des spécificités socio-économiques de nos régions et au plus près du « terrain ».

Accroître la participation de chaque citoyen pour les décisions importantes. C'est un moyen sûr de faire adhérer chacun à la politique, de diminuer l'abstention et d'éloigner de nous un risque de dictature ou de guerre civile.

François Marmain

Cet aspect permettrait indubitablement de diminuer également le nombre d'heures de grèves souvent improductives et coûtant cher à notre économie.

Le désendettement de la France.

Combien coûte à notre pays le système pyramidal vétuste existant ?

Nous sommes au vingt-et-unième siècle que diable !!!

Un seul exemple, oh combien démonstratif : l'éducation nationale :

Chaque établissement scolaire dispose d'un directeur (ou chef d'établissement). Ce dernier dépend directement de son académie. Dans chaque académie, un responsable.

Plutôt qu'un responsable, je parlerai ici, avec tout le respect dû à nos employés d'état et d'institutions, de courroie de transmission…

Ce responsable dépend en effet lui-même d'un des nombreux services du ministère de l'éducation nationale.

Jack rêve d'un autre monde

Passés les secrétariats, chefs de services et autres adjoints, il est possible à force de patience de remonter ces méandres pour trouver le ministre ayant en charge l'éducation nationale ;

Que peut-il décider ???

Il devra auparavant en référer au gouvernement afin de vérifier que cette « peut-être » future décision est bien en accord avec la politique gouvernementale.

Ce sera alors au premier ministre de trancher, non sans en avoir au préalable référé au président de la république qui s'appuiera à la fois sur ces conseillers personnels, voire un groupe d'experts avant de donner son aval.

Nous avons dénombré au bas mot six intermédiaires depuis notre directeur d'école.

Pour une PME, un responsable d'antenne locale aura bien plus de libertés pour prendre des décisions.

Nous pourrions aisément poursuivre par d'autres exemples cette démonstration de freins et coûts hiérarchiques car de nombreux services d'état ressemblent à ces labyrinthes administratifs.

François Marmain

Parlons également des difficultés quotidiennes du citoyen « lambda » face à ces organisations et aux rôles et attributions spécifiques de chaque service !

Abordons une minute l'organisation de nos « polices », gendarmeries et autres services d'ordre de l'état.

Notre pays étouffe de ces imbroglios de plus en plus étoffés, hermétiques et inefficaces.

Commençons donc nos économies par le haut de la pyramide.

De combien et de quels ministres notre pays a-t-il réellement besoin ?

D'un gouvernement à l'autre, on ne cesse d'en supprimer, d'en créer ou modifier !

Sachant que le président de la république serait le représentant de notre pays vis à vis de l'étranger, nous devrions néanmoins conserver quelques « ministres », mais appelons-les plutôt « garants » d'une certaine égalité sur l'ensemble du territoire.

Nommons-les par **secteur** :

Premier secteur sus-cité : l'éducation et la sécurité (dans le sens ordre public).

Deuxième secteur : la recherche médicale et les soins ;

Troisième secteur : les transports et l'énergie.
La défense : n'y pensons plus puisqu'elle serait européenne.

Ainsi, 3 « garants » nous permettraient d'assurer l'égalité et qui plus est de rendre gratuits, grâce aux économies réalisées par ailleurs, nos valeurs et héritages historiques fondamentaux que sont :

L'éducation réellement gratuite, l'ordre public (sécurité) garanti par une seule entité, l'accès aux soins pour tous.

Mais également, la facilité de transport et nos besoins fondamentaux en énergie.

Quelle révolution !!!

Qui dit suppression des autres ministres dit également suppression des autres ministères et différentes académies, préfectures et instances nommées plus avant « courroies de transmission ».

Les « garants » sont là pour organiser les débats (en vidéoconférence de préférence) entre les différents responsables locaux lors de besoins ou demandes particulières.

François Marmain

Les décisions sont prises à la majorité plus une des voix exprimées.

Par exemple, une vidéoconférence entre les directeurs d'écoles ou leurs représentants pour une demande de modification du programme scolaire ;

Combien d'intermédiaires, d'énergie, de temps et d'argent économisés ? Tous ces intermédiaires alourdissent le système et coûtent une fortune à notre pays.

Plutôt que chercher à coordonner nos polices, gendarmeries et autres douanes par exemple, créons une instance unique dite « d'ordre public » ou plus justement de « sécurité publique » ayant pour rôle principal la sécurité des citoyens et non des ponctions déguisées de leur pouvoir d'achat.

Ai-je oublié des secteurs importants ?

Certainement.

Les postes et télécommunications : plus le choix puisque la législation européenne impose la privatisation à tous les niveaux !

L'économie et les finances publiques : non plus un ministère mais un petit service comptable comme pour toute entreprise qui se respecte.

Jack rêve d'un autre monde

Pour 3 ministères, c'est amplement suffisant et les trois ministres se réuniront pour approuver ou non le budget de l'état chaque année.

Le temps libre : a-t-on réellement l'absolue nécessité en France d'avoir un ministère du temps libre ?

Enfin, un point très important concernant l'équilibre du budget et le désendettement de la France. A la date d'élaboration du budget 2011, notre dette nous coûte la modique somme de 45,4 milliards d'euros.

Et ce ne sont là que les charges liées aux intérêts, sans aucun remboursement puisque ce fameux budget 2011 prévoit déjà au minimum un déficit supplémentaire de 91,6 milliards d'euros.

Aucun ménage ne pourrait supporter d'alourdir sa dette chaque année de plus du quart de ses revenus et surtout, aucune banque ne l'accepterait !

C'est pourtant le mode de fonctionnement actuel de notre beau pays.

Réorienter les priorités par région.
Qui mieux qu'un élu local peut trouver des solutions adaptées au chômage, à la crise, avec les dirigeants des entreprises locales pour :

François Marmain

Développer l'emploi ?

Répartir les budgets en fonction des besoins régionaux ?

Alors, répartissons les deux tiers du budget national aux régions qui seront mieux à même de dépenser les fonds publics à bon escient.

La délocalisation ne fût qu'un vain mot. Je propose de donner vraiment les moyens aux régions de se développer, en favorisant le plein emploi sans augmenter encore les impôts locaux. Répartir, c'est aussi responsabiliser chaque région au bilan économique de la France.

Accroître la participation des citoyens.

Bien sûr, hors de question de laisser un président de région décider seul pour la collectivité. A sa charge cependant d'organiser une consultation des citoyens de sa région pour toute initiative ou dépense importante (disons supérieure à 100 kilos euros pour donner un chiffre approximatif).

Les indiens d'Amérique soumettaient à la collectivité les décisions importantes avec pour représentants les chefs de tribus.

Jack rêve d'un autre monde

Localement, il est très facile de faire élire par village, ville, catégorie socioprofessionnelle des représentants citoyens, sortes de chefs de tribus du vingt-et-unième siècle.

Quel citoyen pourrait ensuite critiquer les choix économiques et financiers alors qu'il aurait activement participé à ceux effectués par sa voix ou celle du représentant qu'il aura élu ?

Peut-être que soumises au vote des citoyens, certaines dépenses de voiries, pour un troisième ou quatrième stade de football dans la même ville seraient repoussées, voire abandonnées au profit de construction de logements sociaux par exemple ?

Chaque citoyen serait un des garants des dépenses publiques, lesquelles ne se feraient plus uniquement sur décision des ministres ou députés parisiens.

Et quitte à donner les finances et le pouvoir à nos régions, simplifions-les également.

Qui s'y retrouve aujourd'hui entre les pouvoirs et élections des :

- mairies, communes ;
- communautés de communes ;
- départements

- conseils régionaux, généraux ;

J'en passe et des meilleures !!!

Avec tout ce que ces représentations démultipliées engendrent comme salaires et frais de présidents, secrétariats, intendances, locaux, budgets d'élection et autres,..

Nous sommes perdus et courons à notre perte !

Un conseil municipal avec à sa tête un maire par commune et un pouvoir décentralisé par région. C'est suffisant ! STOP. On organise la même année à la même date les élections municipales et régionales pour limiter les frais et simplifier. Chaque citoyen a son représentant :

local avec le maire et son conseil municipal ;

régional avec son président de région et son conseil régional.

Redéfinissons toutes nos organisations. Une commune, c'est le maire et son conseil municipal pour 5000 à 500000 habitants. Les plus petites se regroupent jusqu'à atteindre ce quota.

Jack rêve d'un autre monde

Une région, c'est le président de région et son conseil régional pour deux millions d'habitants au moins.

Redessinons notre France, soyons inventifs.

Les deux tiers du budget de la France, donc, sont répartis équitablement par nombre d'habitants entre les régions. Pas de jaloux : quelle que soit votre région, la somme allouée par citoyen est identique.

François Marmain

Ch.3 Une autre démocratie

Au chapitre deux, ont longuement été abordées les questions de budget et les différentes dépenses du pays à réorienter régionalement.

Mais n'ont pas encore été traités les problèmes de recettes fiscales, Car qui parle d'équilibrer le budget tout en réduisant le déficit du pays, implique également de trouver les recettes permettant d'effectuer les dépenses budgétées.

Parlons des recettes actuelles, là encore issues de mécanismes divers et complexes :

Si l'on considère, suivant les chiffres officiels de l'INSEE année 2011 :

- environ 26 millions de français pour la population active en 2011 (qui travaillent, en préretraite ou recherchent un emploi, donc sont susceptibles de travailler)

- près de 24 millions de travailleurs salariés ;

- un salaire annuel moyen de 18800€ pour les salariés ;

- près de 3 millions d'entreprises et artisans.

- plus de 80 milliards d'euros de bénéfices en 2010 pour les seules entreprises du CAC 40...

Pourquoi ne pas simplifier encore une fois le système des prélèvements et prélever un seul impôt à la source en supprimant les autres ?

Le potentiel budgétaire pourrait être le même mais :

- Simplification des démarches pour tous et de la collecte des impôts actuels d'où une économie sur le coût de revient de cette collecte ;

- Augmentation du niveau de vie des citoyens et entreprises grâce à la suppression de la TVA.

Les commerces frontaliers, de l'Espagne notamment, vendant alcool et cigarettes par exemple, seront sans doute sauvés

- A titre d'exemple de solution possible, le petit tableau de la page suivante mentionne le prélèvement d'un impôt unique à la source, sachant que :

24 millions de salariés pour 18800/an en moyenne Malgré ce prélèvement important, chaque français conserverait en moyenne un salaire net d'environ 1100€/mois.

Jack rêve d'un autre monde

Salaire considérable compte-tenu de la suppression de toutes les taxes et de la dégringolade des prix.

	Revenus ou bénéfices annuels en milliards d'euros	Pourcentage de prélèvement annuel	Somme annuelle prélevée en milliards d'euros
Travailleurs salariés*	451.2	30,00%	135.36
entreprises	90 (80 à 100)	30,00%	27 (24 à 33)

Un seul impôt pour alimenter le budget de l'état, sur les revenus pour les salariés et sur le bénéfice pour les sociétés.

Plus simple et démocratique, un taux d'imposition identique pour tous, 30 %.

À comparer, page suivante aux prévisions des recettes du budget voté en 2011 :

François Marmain

Thèmes-intitulé	*Budget 2011 en milliards d'euros	Prévisions budget « un autre monde » en milliards d'euros
TVA	130 ,9	0
Impôt/revenu	52,9	135.36
Impôts/sociétés	44,8	27
TIPP	14,1	0
Autres recettes fiscales	12,9	0
Autres recettes	16,9	10
TOTAL	**271,8**	**172.36**

Autre avantage en plus d'un système simple et clair : les revenus et bénéfices en fin d'année sont nets. Adieu taxe d'habitation, foncière, TVA, TIPP sur les produits pétroliers, etc.

Et les recettes publiques deviennent une simple écriture comptable informatique.

Alors, quels changements pour notre démocratie ?

Jack rêve d'un autre monde

En premier lieu, un désengagement de l'Europe économique au niveau de l'ouverture des marchés et de la libre concurrence (arrêtons de nous faire ordonner par les autres les coûts du travail, des produits, etc.) mais un renforcement de l'Europe de la défense, de la recherche et de la monnaie unique que nous conservons.

La France impose chez elle la gratuité de l'énergie, du transport, de l'école et des soins pour tous. Sont donc totalement nationalisés les secteurs suivants (donc sans aucune concurrence ou privatisation possible) :

- électricité
- eau et retraitement des eaux usées
- transport en commun
- écoles
- hôpitaux, pharmacies
- sécurité.

A l'inverse, l'état se désengage totalement, par appel aux investisseurs, de tous les secteurs ouverts à la concurrence internationale :

courrier, colis, téléphonie, internet, automobile.

Restent donc 6 grands secteurs où travaillent les employés de l'état. Tous les autres, privés, sont soumis à la concurrence et au marché mondial.

François Marmain

Cette organisation soumise aux pays de la zone euro risquerait même de faire rapidement des émules. Notre passé républicain, c'est aussi innover en conservant les valeurs d'égalité qui font de nous ce que nous sommes !

Que sont devenues nos valeurs aujourd'hui ?

Un petit agriculteur français, aujourd'hui, ne peut pas établir le prix de vente de ses produits en fonction de ses frais et besoins, mais doit suivre les tarifs fixés par des bureaucrates européens. Quelle entreprise accepterait cela sans parler de délit d'ingérence ???

Tous les intermédiaires gagnent de l'argent alors que les producteurs (premiers maillons de notre chaîne alimentaire) se meurent. Nous marchons sur la tête, non ?

Alors, quotas, obligations et attente de reconnaissance de « zone sinistrée » pour ne survivre qu'avec les subventions, non. Stop. Sinon adieu fruits, légumes, veaux, vaches, moutons !!!

On en arrive aujourd'hui à de flagrantes inepties : des subventions européennes pour arracher des vignes et sur les mêmes terres, pour le même cultivateur, des subventions européennes pour planter de nouvelles vignes ?

Jack rêve d'un autre monde

S'agit-il de primes à la casse spéciale agriculture ???

Retrouvons un travail qui nourrit et permet de vivre décemment, retrouvons nos valeurs sûres et vieilles comme le monde : toute peine mérite salaire, le fruit du travail !

François Marmain

Ch. 4 Les fonctionnaires

A l'heure actuelle, nous comptons en France presque sept millions de fonctionnaires répartis entre les ministères publics, l'éducation, la recherche, la sécurité, les territoires et la présence de l'état dans certaines entreprises.

Le salaire moyen des fonctionnaires est de 26182€/an. Une somme annuelle allouée d'environ 183 274 000 000€.

Sans oublier le coût d'entretien et la valeur marchande de tous les bâtiments publics qui pour la plupart pourraient être vendus ou transformés en logements sociaux.

Combien de milliards encore à réinvestir autrement ?

Gardons nos fonctionnaires dans les domaines précités afin d'optimiser le fonctionnement de nos instances d'état :

Éducation et sécurité (ordre public) ;

Recherche médicale et soins ;

Transport et énergie.

François Marmain

Profitons-en pour réorganiser et moderniser ces secteurs, se tourner vers les énergies renouvelables et favoriser les transports moins polluants (réutilisons nos canaux par exemple, sachant qu'une péniche consomme moins de carburant que tout autre transport terrestre ou aérien par rapport aux quantités transportées).

Là encore, le nombre de fonctionnaires nécessaires sera défini par les rapports d'experts désignés à cet effet. Il est clair cependant qu'avec trois ministères seulement, le nombre et donc le coût de nos fonctionnaires diminuerait énormément (divisé par cinq au minimum).

Jack rêve d'un autre monde

Ch. 5 Le pouvoir décentralisé

La première difficulté pour décentraliser les pouvoirs est bien souvent le financement qui lui est octroyé.

Dans mon exemple, hormis la partie du budget réservée pour financer le fonctionnement de l'Europe, pour l'armée notamment, la dette et les fonctionnaires, la totalité du solde serait réparti entre les régions par nombre d'habitants comme précédemment explicité.

Compte-tenu du budget prévisionnel (à voir dans le détail au chapitre six) de 172.36 milliards d'euros et des charges fixes exprimées ci-dessus, il resterait près de quarante-trois milliards d'euros à répartir soit environ 720 euros par habitant. De quoi redonner un sens à la décentralisation et à nos régions.

Ainsi, les investissements d'avenir et l'entretien courant est réalisable sans que nos communes et régions s'endettent.

Par ailleurs, instituons une règle simple :

François Marmain

Aucun budget, qu'il soit national, régional ou communal ne peut être voté s'il est présenté déficitaire !

Vivons avec l'argent que nous produisons et non le probable anticipé des années futures !!!

Ch. 6Le Budget

Thèmes	Budget 2011 en milliards d'euros *	Budget prévisionnel futur « Jack rêve d'un Autre Monde » en milliards d'euros
Enseignement-Recherche	87	0 (réparti par région)
Collectivités territoriales	58	42.36 (répartis entre les régions)
Charge de la dette	45.4	30 (remboursement partiel de la dette)
Défense	37.4	0 (européenne)
Union Européenne	18.2	30 (défense européenne incluse)
Sécurité	16.2	30-Éducation et Sécurité (économies par regroupement des services)
Solidarité, insertion, égalité des chances	12.4	0 (réparti par région)
Gestion des finances publiques et des ressources humaines	11.7	0
Travail et emploi	11.6	0 (réparti par région)
Ecologie et développement durable	9.5	0 (réparti par région)
Ville et logement	7.6	0 (réparti par région)
Autres missions	40.7	0 ?
Recherche médicale et soins	0	20
Transport et énergie	0	20
TOTAL	363.4 (recettes=2 71.8 soit 91.6 de déficit supplémen taire pour 2011)	172.36 (recettes 172.36 soit budget équilibré)

François Marmain

<u>Légende du tableau de la page précédente :</u>

* Dépenses actuelles, chiffres officiels du ministère 2011

Conclusion

A quelques mois des élections présidentielles en France, cet essai pourrait être assimilé à une campagne électorale.

Ce n'est pourtant en aucun cas le but de cet ouvrage puisque je souhaite simplement traduire en mots mes réflexions, réfléchir et faire réfléchir à toutes les possibilités non exploitées encore par aucun programme ou parti politique.

Peut-être mes propos sont-ils présomptueux, certes, mais traduisent mon désespoir de visualiser l'avenir comme un terrain agricole désertique (ou plus rien ne poussera) légué à nos héritiers.

Le monde et les terres ne nous appartiennent pas, nous ne faisons qu'y passer, y séjourner quelques années ! Nous les empruntons.

Tentons de nous en souvenir, MERCI.

François Marmain.